Kim Il-Tae

시인 김일태

코뿔소가 사는 집

김일태 시집

코뿔소가 사는 집

Poetics 시학

■ 시인의 말

허물어져 가던 나를
안간힘으로 다시 세워 놓고 난 뒤부터
짓는다는 말이 자꾸 좋아진다.
시를 짓거나 밥을 짓거나 집을 짓거나 복을 짓거나
짝을 짓거나 관련을 짓거나
웃음 짓는 일 잦아지면서
눈물짓는 일까지도 즐겁다.
죄짓는 일 빼고는 다 좋다.
입동 동지 지난 나무가 잎사귀 내려놓듯
안분지족安分知足의 마음으로
약을 짓듯 집 하나 지었다.

2012년 1월
김일태

차 례

제1부 내 안에 코뿔소가 살고 있다

제2부 참새를 잡고 싶다

제3부 횡단보도를 건너며

제4부 주름에 경배한다

제1부

내 안에 코뿔소가 살고 있다

감자 눈뜨다

감자에 칼을 들이대 보면 안다
감자도 독을 품는다
독을 품었기에
감자는 거친 짐승의 착한 젖꼭지를 닮은
야성의 싹눈을 뜬다

감자가 눈 뜰 때
나는 감자가 자신의 인생에 눈을 떴다, 라고
적는다

사월 땅속에서 감자의 울퉁불퉁한 몸에
또렷또렷 눈이 빛나고 있다
지금

코뿔소가 살고 있다

내 안에
겁이 많아
겁의 힘으로 진화된 뿔을 가진
코뿔소가 살고 있다

제 뿔에 가려 앞을 보지 못하고
작은 소리에 온몸 뿔 삼아
킁킁거리고 쭈뼛거리는
우스꽝스런 코뿔소

부러뜨릴 수도
뽑을 수도 없는
몸인 뿔에 갇혀
사바나의 허공을 들이받는
아프리카 코뿔소처럼
무시로
내가 나를 들이받고 있다

무소의 뿔*처럼 홀로 가지 못한 채

* 최초의 불교 경전 『수타니파타』에서.

빙벽

내가 나의 칼이다
건드리지 마라
물이 되어 흐르는 나의 뜻 여기서 멈출까 싶어
결빙의 갈증에도 참고 있다

나는 시방 위험한 짐승이다*
이목구비
하나하나 날이 섰다
작은 금 하나에도
나의 칼들이 나를 벨 것이니

언젠가 빙점하의 내 분노가
너의 슬픔을 뜨겁게 만나는 날
무수한 이 칼들은 길이 되리니
글썽글썽 뜨거운 눈물이
우리의 발등 적시며 다시 흐를 것이니

나는 지금 너에 닿을 나의 수직을

내 몸을 얼려 오르고 있다

* 김춘수 시인의 「꽃을 위한 서시」에서 빌려 옴.

등 뒤

어린 날에는 뭔가 따라오는 것 같아
자꾸 겁이 났는데
마흔 넘기고서는
등 뒤에 아무것도 따라오지 않아
오히려 겁이 난다

미행하지 않아도 나를 다 알고 있는
저 달빛
바람이 나를 흔들지 않아도 다 알고 있는
내 주머니 속 낡은 지폐와
미완성의 시 몇 편

그림자도 내 등 뒤를 떠나
앞장서 걸어가는 밤길

나는 따라오는 것조차 없는
이 나이가 무섭다

순筍을 치며

들깨 순 따면서
참 미안하다

내 안에 들솟은 순
따 낼 생각은 왜 못했는지

고추 참깨 순 따면서
배밀이하는 참외 호박 오이 수박 넝쿨 순 따 내면서
마늘종 양파 꽃 감자 꽃 따 내면서

사랑한다면
예쁘고 소중한 것부터 버려야 하는 줄 왜 몰랐는지

욕심을 따며 나는 네게 이르고
아릿한 향으로 너는 나를 흔들어 가르치고

무릎 꿇는다는 것

밭고랑에 둥글게 허리를 말아
평생을 무릎걸음으로 호미질하던 어머니
몸 세워 건성건성 일하는 내게 이르셨지
사람이 무릎을 세우면
땅이 호미 날을 잘 받아들이지 않는다고
힘만 더 든다고
시름시름 얘기 나누면서
맨살로 궁굴어야 한다고

가을바람에 무릎 꿇고 허리를 낮춘 쇠비름 노란 꽃
그 꽃 한 송이를
온몸으로 꽉 끌어안고 있다 대지가

손을 닦으며

손에 묻어 있던 유혹
야물게 쥐고 있던 욕심
손금 쥔 죄 닦으며

손바닥을 들여다보며
비비고 주무르고 쓰다듬던
생生의 붙박이 거울에 서린 김 같은
내 얼굴 닦으며

세상 사는 일 그럴 것이라고
수없이 만들어진 이랑과 고랑의 파도
덤덤히 덮고 살라며
손등이 있는 것이라고

입신立身

팔월의 볕을 보면 나를 빨래처럼 빨아 널고 싶어지지

산다는 것은 끝없이 얼룩지는 나를 다시 빨아 말리는 것

자주 포개 문지르고 치대다 보면 찐 때를 씻어 내는 내공도 생기지

처진 어깨 탈탈 털고 활개를 펼쳐 당당하게 내걸고

오그리고 있던 다리 쭉쭉 펴서 줄잡아 바람 앞에 세워 놓으면

내가 나로부터 가벼워져서 다시 입신할 수 있지 않을까

볕 좋아 가슴 펴지는 날이면 더욱 그런 생각, 뜨거운 생각 들지

너를 보내며

네가 가서 무른 날

양으로 치면 한 줌 되려나

무게로 치면 동전 몇 낱쯤 되려나

너를 배웅하면서

너와 더불어 떠나는
나를

배웅하면서

안다

내가 무수한 너로 만들어졌다는 것을

운명을 펴다

쉰 넘은 나이에 처음으로 아내에게
얼굴 마사지 받는 날

크림을 고루 펴고
턱밑에서 인중으로 볼로 뺨으로
눈 밑에서 눈꼬리로 미간에서 이마로
꼼꼼히 누르고 밀면서

—주름살에는 살아온 날 살아갈 날 다 담겨 있는
기라
아내는 아버지 말씀 흉내 내며
오십 평생 그려온 자화상 속에서
과거를 캐내 지우고 미래를 바루는 동안

—미간 주름 반듯하면 나중에 기와집에서 살고
일그러지면 초가집에서 살게 된다
어린 시절 어머니의 말씀을 생각하며

깊이 파인 이마와 미간 주름에 집중하는
아내의 손길이 너무 매워 엄살 피워 가며

밀고 밀리면서
정든 날 사랑한 날 헤아려 보는 사이
아내의 살풀이는 끝이 나고
단 한 번 마사지에
마치 다른 삶에 놓인 듯 환하여

운명도 이렇게 열심히 맞부비면 바뀔 수 있을 거라
혼자 싱긋 웃어보는데

서릿발

걸어 제 몸 옮기지 못하는 발
걷지 못하면서 내 가슴으로 들어와
나를 지근지근 밟는 발
너도 꽃꽃이 치받혀 제풀에 쓰러질 만치
참을 수 없는 아픔 있었느냐며
심장에 돋을새김한 내 고통 오도독오도독 바수며
바람에 부풂해진 나를 꽉꽉 다지는 발
우물 같은 울음 절절히 다 길러 내면
내 속에 차가운 발 뿌리내릴 터이니
서릿발 되어
너의 상처 위를 걸어가고 싶다

지우개를 달고 싶다

백지 위에
아무렇게나 쓰고 그려진
나 아닌 나
지우고 싶다

내가 나를 의심하면서
앞으로 더 많은 거짓을 쓰고 그리더라도
뒤따라오며 열심히 지워 줄
연필 끝에 지우개 하나 달고 싶다

그리하여 내게 주어진 마지막 날
몽땅해진 나의 연필심에 침 묻혀 가며 적어 놓은
가장 오래된 상처 두어 줄까지 죄다 지워진
너덜너덜한 빈 종이에
나를 싸고 싶다

나무 경전

나무가 수행자처럼 길을 가지 않는 것은
제 스스로가 수많은 길이기 때문이다

나무가 날지 않아도 하늘의 일을 아는 것은
제 안에 날개를 가지고 있기 때문이다

나무가 입을 다물고 있다고 침묵한다 말하지 마라
묵언으로 통하는 나무의 소리가 있다

나무가 아무것도 보지 못한다고 말하지 마라
제 몸으로 모든 것을 기록하는 나무의 문자가 있다

그러한 이유로 나무에게 함부로 말하지 마라
가지지 않았기에 나무는 경계 없이 우거져 산다

숨바꼭질

술래가 잘 찾을 수 없는 곳에
꼭꼭 숨어야 재미있다

머리카락 보이지 않도록 숨어도
반드시 찾아야 더 재미있다

나이 들수록 숨을 곳이 없는,
악착같이 숨으면 찾을 수가 없는
세상살이의 골목들

산다는 것,
살아갈수록 재미없는

숨은 듯이

산그늘 깔고 그곳에
깃들어 눕고 싶다

분주하게 꽃도 피우지 않고
물처럼 서둘지 않고
나무처럼 잎도 흔들지 않고

흘러가는 시간 밖의 무심에 나를 두고

가끔 거추장스러울 땐
이승에 있는 동안 빌려 입은
사람이라는 옷

겸허하게 허리 굽은 늙은 소나무 가지에
벗어 걸어 두고

외롭다가 낮아지고, 낮아지다 깊어져서
이름을 버리고 나를 버린

누군가의 그늘로

숨어 살고 싶다

제2부

참새를 잡고 싶다

헛쌈

정수기 육각수로 헹군 상추에
메뚜기쌀밥 흑돼지삼겹살
조선된장에 마늘 풋고추를 얹어
사는 것도 이런 게 아니냐며
잘 산다는 것과 잘 싼다는 것은 같은 말이라며
세 식구 마주 보고 미어지게 쌈을 먹는데
당당하게 쌈질해서 얻은 쌈이어서
요 정도 쌀 수 있는 형편이 얼마나 고마우냐고
아내가 맛나게 웃는데
여남은 식구 건사하느라
솥바닥에 눌어붙은 숭늉 불려 마시거나
가족들 밥 먹는 사이 동생 들쳐 업고 남새밭 돌다 와
밥알 없는 헛쌈 드시던 어머니
사는 동안 당신을 위해서는 한 번도 속 차게 싸 본 적 없는
헛쌈 같은 어머니 생각

섣달그믐에

—나쁜 액운 물알로 가고
만복 수복 들라 주소

뉘 고른 멥쌀 커다란 양푼에 담아
열두 촛불 모아 밝혀 놓고
식구들 이름 일일이 들먹이며 밤새 비손하던 모습

미신이라 시큰둥하던 아내
어머니 가신 지 몇 해 나지 않았는데
식탁 위에 촛불 세 개 맞추어 올려놓고
아내가 묻는다

—당신, 어무이 이래 놓고 뭐라 카등교
불알이 어쩌고저쩌고 뭐라 카든데

그믐과 초하루 사이가 어머니의 물알과
아내의 불알로 환해지고
복 짓는 일은 저런 웃음 같은 것

쌀알 같은 날들 위에
하나하나 심지 세우는 것

어머니 오신 흔적
촛불이 먼저 알고 흔들리는데

문득, 어머니

아파트 베란다 화분에 담은
어머니 좋아하시던 채송화 다섯 포기
아내가 올리는 물 공양에
씨를 남기고 가야 하는 길 잃고
소설小雪을 넘기고 있다

어지간하면 보내드리자던 어른들과 다투면서
가시는 길 막아 여섯 달 붙들어 모신
어머니 마지막처럼
베란다 들고 날 때마다 고맙고 미안한
중환자실 채송화

주어진 시간 다 쓰고 가벼이 떠난 것들과
끈을 놓지 못해 머뭇거리는 것들 사이로
찬바람 지나가는데

먼 길 걸어 환승을 기다리는
창밖 맨몸의 은행나무 내다보며

어머니 닮은 키 작은 채송화
파젯날 아침
경건하게 봉오리 밀어 올려
그 길을 묻고 있다

참새를 잡고 싶다

소쿠리 덫 괴어 놓고 기다리다 잠들었던
아홉 살 그 봄날로 가고 싶다

꿈에 참새가 된 내가
동무들은 날아가고 홀로 잡혀
무명실에 다리 묶여 혼이 나던
그때로 가고 싶다

남지장 가신 어머니 더디 오신 그날
참새처럼 오그린 등 토닥여 선잠 털어 주던
그 어진 볕살 올올이 가슴으로 사리다가
쫑쫑 맨땅에 입방아 찧고 싶다

내가 비운 사이
흙 좋은 나의 안마당을 차지한
잡풀들 싸리비로 쓸어 내고
사십 년 시간 뒤꿈치 들고 건너가고 싶다

나긋나긋 양지 녘에 괴어 놓은 유년의 덫 속에
이제 얼마 남지 않은 시간의 미끼 뿌려 놓고
한번 쫓겨 가서는 쉬이 돌아오지 않던 참새들을 기다리며
사월의 하루해처럼
조용히 저물고 싶다

짐을 이고 살며

—얘야 팔 등짐 지고 걷지 마라
머리 위로 팔 올리고 자지 마라

나이 들어 보니 어머니 말씀 참말이었다
세상은
지려 하는 만큼 짐을 올려 주고
뻗은 만큼 아픔을 손에 쥐어 주었다

지고 있는 짐 내리지 못한 채 뒤뚱거리는 밤에
이고 있는 짐 내리지 못한 채 잠드는 밤에

결혼식

아버지, 어머니 한 해 두 번 결혼식 올린다
초복 무렵에 한 번, 첫눈 내릴 때쯤 한 번
공부하는 청년과 경주김씨 가문의 규수로

훤칠했거나, 아담했거나
늘 성큼성큼 앞섰거나, 조용조용 뒤따랐거나 상관없이
그날은 키 높이 나란히 하여
생전처럼 큰소리, 자지러지던 웃음소리도 없이
쑥스런 듯, 수줍은 듯 향촉 앞에 오셔서는
자식들에게 음복 석 잔 나눠 주시고는
당신의 영토에 대춧빛 초야를 밝히신다

새신랑 아버지, 새신부 어머니 모시는 날은
살아 한 번도 호주가 되어 보지 못했던 어머니도
들러리 자식들 앞에 당당히
'경주댁' 이라는 택호를 거는데
그런 밤은 야장장夜長長 길어서 좋다

조각보이불

시골집 정리를 하고
기거하시던 자리에 누워
어머니 백오십 단구 감싸던 이불을 덮는다

동생과 내가 모아 드린 크기 다른 수건
요리조리 잘 놓아 키에 맞춘
알록달록 조각보이불

가슴을 덮으니 발목이 나오고
발목을 덮으니 가슴이 서늘하다

시부모살이 육남매 바라지
단 한 번 넉넉한 때 없이
조각조각 잇대고 기워 사신
어머니 일생 남긴 저 한 문장

온기 떠나고 비릿하게 살 냄새만 남은 안방
빛바랜 사진이 굽어보는 바닥에서

닿을 수 없어 더 아득한 쉰 해 전으로
고치 짓듯 몸 웅크려 파고든다

어머니 장부

하나 있던 시골 마을 점방 문을 닫은 뒤
집집이 돌아가며 두레로 가게일 대신 하던 때
글을 모르는 어머니는
나름의 방식대로 회계를 하셨다

살집 좋은 점식이 엄마는 동그라미 안에 점 하나
깡마른 희야 엄마는 작대기 하나
주름치마 입고 다니는 반포댁은 줄 있는 세모
금액에 따라 크기가 다른 갑골문자 같은 외상장부로도
미수금 관리에 한 치 틀림없던
어머니

이승에 계실 때 내가 진 외상은
어떻게 표시해 두고 떠나셨을까

커다란 동그라미를 빽빽하게 달아 놓았다가
받을 가망 없어 빡빡 지워 버렸을 것 같은
어머니 자식장부

어머니 똥점 치시며

입으로 내보내는 기나 뒤로 내보내는 기나 구린내 나면 모두 똥이지 머 소금 먹은 넘 물켜게 돼 있고 싸 놓은 거 보면 속내 다 알 수 있는 기라 콩자반맨쿠로 똥글똥글 뭉쳐 내는 넘들은 겁이 많고 펑퍼짐하게 싸 질러 내는 넘들은 게을러 빠졌고 참말로 무서분 것이 흰 똥 싸는 넘들이기는 한데 별의별 넘들 중에서도 젤 로 수상쩍고 고약한 것이 독사처럼 똥을 따뱅이* 틀어 누는 넘들이라꼬

---

* '똬리' 의 경상도 방언.

아버지에게 다시 물으며

항상 부족하다 생각하고 나대지 말고
작은 소리 들리지 않는 소리 귀에 담고
선불리 크려 말고 악착같이 버텨라, 고
사회 첫발 내딛던 나에게
아버지 일러 주신 말씀
첫 출근하는 아이에게 했는데요
한 달쯤 지나서 이런 대꾸를 하네요
아버지 시키는 대로 하려니까 너무 힘들다고
세상이 달라졌는데 그리 사는 게 맞느냐고요
생선가게 아주머니가
싱싱하게 보이느라 고등어 갈치에 물을 치듯이
너도 물 좀 쳐라, 가르쳐도 될까요
아버지

나무 같은

여럿 속에서도 쉬이 찾을 수 있던
구부정 그냥 서 있어도
꼭 누구를 기다리는 듯한
아버지 같은

멀쑥이 차려입고
가끔 밖으로 나와 저리 서성거릴 듯한
어머니 같은

등에 까치둥지 하나 지고
아버지 어머니 뭣등 사이에
그늘을 내려놓고 있는

보면
절하고 싶어지는

사이좋게
잘 늙은 소나무 한 쌍

말씀의 내력

고등학교 진학해 시골집 떠나던 날
차부 배웅하시며
나의 흐린 인사 끝에 꼭꼭 매달아
소금처럼 댓잎처럼
당신 대신 딸려 보낸 말씀

—큰 아야, 우짰기나
송곳 같은 이빨 맷돌같이 갈며 살 거래이

제대로 세상을
송곳같이 찔러 보지도
맷돌이 되어 보드랍게 빻아 보지도 못했지만

항시 뒤끝 흐린 날
촛불처럼 귓바퀴 환하게 밝히는
어머니 말씀

제3부

횡단보도를 건너며

꽃의 공양

꽃술 위로
고슬고슬 밥이 익는
이팝나무 그늘에서
한나절 뜸 들이고 들어온
사월 초파일

저녁밥이 모두 꽃으로 보였다

다시 섣달에

동지 지나 소한 가는 길
그림자마저 얼어
저들끼리 스칠 때마다 사각거리고

눈[雪] 없는 하늘 닦다 지친
너덜해진 구름 몇 멈추어 서고
겨울잠 긴 꿈꾸고 있는 어린 나목들
실뿌리 깜짝깜짝 움츠리는 소리 들리는데

쑥부쟁이 민들레 개비름
종덕이 윤경이 종복이 그리고
어머니
살갑게 씹히는
쓸쓸히 사라져 아픈 이름들 떠오르는데

건조주의보 하루하루 자꾸 이어지고
쉰네 번째 나를 다녀가시는 섣달
어떻게 배웅해야 할지

하얀 도화지 펴 놓고 나는 자꾸
마음만 연필처럼 뾰족하게 깎는데

그동안 고마웠습니다

밤새 사락사락 문 앞을 기웃거렸습니다만
송별인사 못한 채
여전히 남아 있어 거추장스러울 빛바랜 시간들
수습하고 이제 떠납니다
나를 벗어나기 위해 누구도 동행하지 않는
이 여행길 위에서
더욱 자잘하게 깨어져
사랑으로부터 자유롭게 해 줄 고통에 감사하면서
만사에 간절해져 볼 참입니다
혹여 작은 아쉬움이 남아 있다면
서로서로 기댄 채
손 모으거나 고개 숙이거나 꿇어앉거나 엎드려
눈물로 작별을 받아들이는 이들을 위해
슬퍼해 주십시오
비우고 채우는 것이 한가지라는 것을
떠나면서 절절히 깨닫습니다
끝까지 지니고 있던 잎사귀 두어 장에
간결하게나마 안부를 남깁니다

선린의 인연으로 다시 만나길 바라면서
코끝 먼저 알싸해지는 겨울 들머리에서
이만 총총

솜 베개마저 배기는 밤이 있어

품 넓은 누구
곁에 있었으면 하는 생각
소슬하게 일어
솜 베개마저 배기는 밤

어머니 홀로 다섯 해 계시다 가신
수개리 고향집
십 년 만에 돌아와 누워 보는데
뒤란 먹감 나뭇잎 위로 달빛 돋는 소리
어릴 적 발자국 자리에
거친 내 발 대 보는 봄밤

슬프거나 기쁜 것과는 다른
아무 치장하지 않은
어머니 살 냄새에
바람 부는 문짝처럼 나는 자꾸 덜컹거리고

마당가 백목련

아직 떨어지는 제 꽃잎 세고 있는지
이슬 맛 같은 꽃 내음 몽글몽글
베갯잇에서 솟아나는데

고래의 꿈

울산 고래의 날에 고래 보러 갔다가
반구대 암각화 박물관에 새겨진 암호들 속에서 길 잃고 헤매다가
도심의 외딴섬 신화마을에 닿아
바다가 풀어 놓은 살아 있는 고래들을 보았는데
그건 시멘트 벽에 가슴 대 보면 누구나 알 수 있는데
고래들이 고래 같은 착한 마을 만들어
사람들과 함께 살고 싶다고
제일 앞선 귀신고래는 수면 가르며 환호성을 내뿜고
뒤따르는 참고래는 꼬리로 장단 맞추고
향유고래는 공중을 돌고 범고래가 파도를 타는 사이
바다를 차고 튀어 오르던 돌고래 중 하나가
서울대공원에서 시멘트를 먹었다는 돌고래
'태양이' 였을 거라 확신하는데
거대한 고래마을이 밤바다 찾아오는
은하계 파도를 타고 첨벙거리는 꿈을
신화마을 사람들은 그저 고래들이 시키는 대로
알록달록 옮겨 그렸을 뿐인데

반구대 암각화에 새긴 고래의 꿈이 여기서 이루어져
어느새 고래 따라 나도 헤엄치고 있는데

겨울에 들다

구렁이가 죽자

샘이 숨었다는

구례 천은사

겨울공부 하는 스님들 따라

극락보전 앞뜰

장좌불와長坐不臥 중인

보리수

나무 옷 벗고 동안거 들었다

사람 일에

무심하기로 작정하니

내 머리카락 한 올도

번거로운 날

횡단보도를 건너며

그대에게 가는 길

이랬던가

걸음걸음 내디딜 때마다

저 모래시계 한 칸 한 칸에

심장도 함께

콩닥, 콩닥거렸던가

하루에도 수천수만 번씩

그대 생각 담았다 비우며

조바심 냈던가

가로등이 굽어보는 줄도 모르고

하얀 사다리 계단

칸 칸

자꾸 헛디뎌졌던가

저 무녀巫女

감꽃 지고
소서 지나 밤꽃도 지고
뻐꾹새 소리만 꾸들꾸들한 날

떼 지어 낯가림도 없이
칠월 햇살에 와글와글
돋움발로 담장 짚고 넘어다보는
능소화 꽃 더미

몹쓸 사내 같은 더위가 이리 빨리 와서
우짜꼬 우짜꼬
푸닥거리해 대며

붉은 독 머금은 뱀처럼
유월의 끝자락을 악착스레 따비 틀어
저 혼자 사랑 팡팡
허공의 칼을 타고

볼록한 아침

비 갠 아침
오목눈이 새 한 마리가
꽃 진 복숭아나무 가지 끝에
봉긋이 앉아 있습니다

새의 고사리 발 부러질까 봐
살짝 쥐고 있는 휘추리가
새의 숨소리 따라 볼록하게
휘어져 옵니다

쳐다보는 내 마음도
함께 팽팽해져서
꽃대 끝에 맺혀 있는 봇꽃처럼
자꾸 초롱초롱해집니다

봄바람 타고

대봉감나무 옆에서
너나들이도 못하고
해거리하던 고욤나무
보풀보풀 볕살 일자
꽃 입술 내밀어
쪽 쪽 쪽 쪽
세상 맛 다시고 있다
상사 든 처자같이
아직 선 저것들이
봄바람 타고
야단이다

철없는 날

담장을 기어오른 어린 장미 넝쿨

오월의 침묵이 피워 낸
목 꺾인 한 송이 장미

온 골목길이 가시에 찔린 듯
처연하다

햇살이 간지러워
수평은 홰를 치는데

장미 향기 더듬어 왔다
작은 노랑나비 한 마리
되돌아간다

단 한 번 설레 보지도 못하고 닫힌
문
두드리다가

카등강 지나며

처녀꽃 지고
양파꽃 피고
볍씨 담아 그렁그렁한 무논
학교운동회처럼 개구리들 야단법석이고
이만큼 우리 땅이었으면 했던 밭둑길 질러
한 배 가득 부려 낸 장꾼들 소리
어미 소가 아기 소 찾는 소리 틈으로
어머니 쌀 씻어 안치는 소리
어중간히 건너뛰던 끼니처럼
전봇대 드문드문 서 있고
낙동강을 살려야 한다고
땅콩밭 채소밭 사라진 들녘
바람 휘돌아가며 모래밭을 더듬고
바이오 공장인가 뭔가 들어선다 카등강
참한 꽃단지가 맹글어진다 카등강
카등강 카들강 강처럼
소문이 자꾸 흘러 넘어와
성사고개 지나는 전깃줄 축축 늘어지고

제4부

주름에 경배한다

스스로 저물어 빛나는

마음이 갈대밭 같을 때 순천만에 가라
갈대밭 가에 낡아 가는 나무벤치처럼 앉아
내 마음 저와 같은지 물음에 싹을 틔워 보아라
세상의 모든 빛을 품어 짙어진 어둠 속에서
갈대처럼 조심조심 귀 기울여 보아라
헤어짐과 만남과 다툼이 비비대는 이른 새벽부터
갈대들은 말한다, 절망과 고통을
온몸으로 털면서 맨 밑바닥에서 하늘로 더듬어 간다고
살아간다는 것이 더러 나이테처럼
세월을 껴입는 것이라 하지만
흔들리며 쓰러지며 다시 솟는 요령으로
마디마디 짭짤한 푸른 생명의 껍질을 품는다고
스스로 저물어 빛나는 저녁까지
갈대들은 말한다

주름에 경배한다

주름졌다는 것은
기운이 빠졌다는 게 아니다
나를 접었다는 것이다
나를 내어 주면서 너를 편안히 받아들일
힘이 쌓였다는 것이다

오냐오냐 한마디로
투정 철부지 짓 다 받아 주시던 어머니의 포근함은
주름의 힘이었다
뒷산 소나무가 바람을 견뎌 낸 것
다 주름의 힘이었다

주름을 만든다는 것은
나를 버려 너를 버는 일이다
하늘과 다투지 않는 요령으로 농투성이들이
논밭에 이랑과 고랑을 짓듯이
주름에 경배하라

등에 대한 편견

기타 등등으로 살다 학생이 되신 할아버지 산소 옆
고만고만한 소나무 등걸에 기대면 짐 진 자들끼리 통하는
등이란 말 슬쩍슬쩍 들리는데
안과 품의 반대쪽에서 한 번도 앞이 되어 보지 못하고
눈에 띄거나 마주하여 두근거려 보지 못한 채
빛나는 견장 아래 가려 묵묵하기만 한 등이란 말에
가지를 쳐 기대거나 뭔가 걸어 두고 싶어
가슴 쓸 일보다 등 쓸 일 많아야 좋은 세상인데
당당하지 그러냐고
풋대라도 좀 내야 하는 것 아니냐고 부추기는데
누군가에게 등을 맞으면 가슴 치게 되어 있고
배를 드러낸다는 것은 순응하겠다는 말
등을 지겠다는 말은 맞서겠다는 것
등을 보인다는 건 끝장나 깨지거나
낭패할 때 내보이는 최후의 카드
그래서 등이야말로 졸卒이 아니고 장將이라는
한 생각 번쩍 드는데

북동시장 남새보살

시장기 도는 재래시장 한 귀퉁이
가부좌 튼 다리상 위에
실파 한 옴큼 올려놓고
파뿌리 같은 남새보살 선禪에 들어 있다

돼지머리 늘어놓은 국밥집을 명부전쯤 여기는 걸까
반 평 야단법석 무욕으로 지키고 있던 누렁이
생선가게 문어처럼 축 늘어졌는데

실파같이 기다란 이승이 고마운지 가끔
혼곤한 봄볕 손사래 치다가

기다려도 오지 않을 건 오지 않고
기다리지 않아도 올 건 오게 되어 있다는
흘러간 유행가 소리에 대꾸하듯
고개 끄덕이며
무량수 부처님 심부름 나가
세상 샅샅이 두르고 계시는 듯

만다라 같은 옷가게 등지고
저승 가는 옷 색깔같이 말갛게 앉아 졸고 있는
나무관세음보살 남새보살

발로 꿈을 찍다

늙은이
서넛
시래기 두름처럼
엮여 놀다가
공원 벤치
땅바닥에
낙관처럼
꾹꾹
젊은 날의 꿈
찍어 놓고
갔다

88
88
88
88

비 갠 날

젖어 든다는 것은
비워 둔 나를
네게 내어 준다는 것
너를 담아 채워서
비로소 나를 이룬다는 것

저 잘 늙은 주남지*의 땅버들이
서로 기대고 서 있듯
사랑한다는 것은
너와 나 사이에
사부작사부작
세월이 배어들게 하는 것

* 주남저수지: 경남 창원에 있는 철새 도래지.

냄새나는 가계家系

식당하고 화장실하고 뭣 땜에 먼지 아나?
냄새가 나니까!
어제 제 아비 따라 집으로 왔던
여섯 살 난 조카딸아이가 해 준 말
할아버지 제사 파젯날 아파트 뒤 숲길을 걸으며
멀리 두는 것이 잘 먹고 잘 버리는 것인가
먹고 싸는 일 따로일 수 없는 이유
더듬어 보는데

더럽다며 버리는 누구에게는 똥이고
맛있다고 먹는 다른 이에게는 밥인 것을

가끔 똥을 확 끼얹고 싶은 것은
이 땅에 냄새나도록 독한 밥 먹여
남새처럼 여린 것들 싱싱하게 기르고 싶은 애살 때문

사람이 진화한다는 것은
여섯 살쯤엔 알았던 사실을 커 가면서 까먹게 되는 일

알아 간다는 것은 실은 모르는 것이 더욱 많아진다
는 것
아닐까

똥과 밥의 경계를 넘나들며
지게질로 순명하며 심부름하셨던 이
가신 지 하 사십 년이나 지났구나 생각에
할애비는 손자의 거름이라는 말
자꾸 헤아리게 되는데

뿔

— 선거철에

우후죽순처럼
세상에 돋아나는 뿔들

보이는 뿔보다 더 무서운
보이지 않는 뿔
으쓱거리는 게 미운 뿔
곧추세운 뿔
언제 남을 치받을지 모르는
납작 낮추고 있는 뿔
적인지 아군인지 몰라
스스로를 들이받는 뿔

겉으로 다독이면 멋을 키우고
속으로 다독이면 사람을 키우는
뿔

뿔

흩어지게도 모으기도 하는
바코드 속 암호 같은

늦은 봄
대발 아닌 곳에
휘지 않고 부러지지 않는
수직의 꿈으로 근질근질한 머리에 뿔이
쑥, 쑥쑥, 쑥쑥쑥

마네킹이 이르기를

명품 의류매장 안
얼굴 없는 미녀한테
들었다
볼 필요 말할 필요 들을 필요 셈할 필요
머리 쓸 필요가 없는 세상
여기 있다고!

옹이의 힘으로

상처 많은 것은
나무나 사람이나
마개가 많다

울음 잦은 사람이나
가지 많은 나무나
저마다 가슴에 울음 틀어막고 있는
옹이의 힘
상처만한 크기의 살이 되어
파낼 수도 없는 마개

마개는 힘이 세다

서른넷에 혼자 된 작은어머니
그 마개의 힘으로
팔십 세월 건너가고 있다

무모한 근성

아파트가 산처럼 굽어보이는
공원 모퉁이
아랫집 뚱보 애완견 벅구가
제 영토라고
마렵지도 않은 오줌 갈기려
뒷다리 휘딱 들어 올리다 무게중심을 잃고
기우뚱 넘어졌다 고쳐 서서는
멋쩍게 꼬리를 흔든다

며칠 전 여자 여럿 모인 데서
친구들과 주량 과시하다
만취해서 집에 돌아오던 길에
속엣것 다 게워 냈던
그 전신주 옆에서

유물론

복덕방이 부동산중개소가 된 까닭은
집 안에 복과 덕을 쌓아 놓고
서로 나누는 시대가 지났기 때문이다

이모 여기 계산이요

직장에서 명퇴로 고민하다 실직해 오래 놀고 있는 친구 만났습니다 그 사이 옛 명함같이 빛바랜 그는 바깥 어둠처럼 오도카니 구석에 기대앉아 맥주잔에 소주 콸콸 부어 놓고 확 한잔 먹고 취해 버렸으면 하면서 당뇨가 있다며 차마 제 입으로 들이붓지는 못하고 눈에 거품이 나도록 쳐다보고 있었습니다 만나면 할 말 많을 것 같았는데 별로 없네 같은 소리만 고장 난 레코드처럼 연신 되풀이하면서 일없이 소독저 찢어 콩자반 같은 집안 이야기만 때글때글 굴려 내고 있었습니다 호롱불 밑에서 반딧불 같은 심지 돋우던 시절 흑백 티브이 보면서 그자 그자 총천연색 꿈을 이야기하면 그래 그래 허물없이 대꾸하던 유년의 정답던 말 이젠 나오지 않고 나와 보니까 별 값어치가 없더라는 말에 그렇더냐는 장단만 졸아 버린 매운탕 퍼먹는 숟가락처럼 무심히 오고 갔었습니다 이 나이에 우리들 삶의 가치는 얼마나 될까 잠시 셈하여 보는 차에 닫혀 있는 분위기 짜르르르 가르며 가게를 비우고 밖에 나갔던 주인이 출입문을 열고 들어섰을 때 둘이 짠 듯이 약속한 듯이 반갑게 외쳤습니다, 이모 여기 계산이요!

용선대*

아주 까마득한 옛날에는
아홉 마리 용이 승천하려 용을 썼다는
그 뒤로는 신라 원효가 화엄을 잡으려
고려 신돈이 구름을 잡으려 용을 썼다는
요사이는 항마착지 수복 위해 억수의 불자들이
한 가지 원은 들어준다 하더라며
무릎걸음으로 용을 쓰고 오른다는
어깨에 닿을 듯 큰 귀로
옥천 골짝 말갛게 내려다보며
석조여래좌상 천년 내공 풀어 내리고 있는
창녕군 옥천리 산 9번지
용쓴데

---

* 보물 제295호 석조여래좌상石造如來坐像이 안치되어 있는 경남 창녕군 창녕읍 옥천리 관룡사 경내의 전망대.

헛

숭고함으로 치면 헛꽃만한 것이 있을까
배려하는 마음으로 치면
헛기침만한 것이 있을까
자기희생으로 치면 헛쌈만한 것이 있을까
진실로 그리울 때 헛것만한 축복 있던가
우리가 모르는 사이 찾아왔다 가는
인연이나 사랑 같은 것
헛걸음 헛수고 없이
어찌 행운을 만들 수 있을까
헛을 허투루 입에 담지 마라
헛은 참의 옷이다
참을 만나러 가는 유일한 길이
세상에 있고 없는 모든 헛이다
스스로 헛것이 되어
상처 받아 보면 그 까닭 알 것이니
설사 그것이 헛짓일지라도

■ 작품해설

'아버지' 의 수행, 생生을 짓다

차 성 연
(문학평론가)

1. 수행으로서의 시 쓰기

시의 길은 수행의 길과 닮았다. 더 좁혀 말하자면, 김일태 시인에게 시의 길은 탁발하는 승려의 수행과 닮아 있다. 세속과 떨어진 산사에서의 수행이 아니라 속세에서 중생과 관계 맺음으로 행하는 수도라는 점에서, 세속의 삶에서 시를 통한 깨달음을 지향한다는 점에서 그러하다. 시인이 놓인 자리는 속세의 번민과 진여의 평정平靜 사이에 있기에 시인의 언어는 아파하고 흔들리며 시달린다. 틈틈이 '사이' 에 있음으로 인한 해학이 한 시름 놓게도 하지만 웃으며 한 걸음, 울며 또 한 걸음 나아가는 시적인 수행은 멈춘 듯 맴도는 듯 앞으로 나아간다.

수도자의 모습과 함께 이번 시집 곳곳에서 마주친 형상은 이 시대 '아버지들'의 얼굴이다. 그들은 삶에 지쳐 있었고 위로가 필요했으며 기대어 쉬고 싶어 했다. 또 한편으로는 약하고 여린 영혼을 숨기며 기꺼이 짐을 지려 했고 코뿔소처럼 솟아나려 했으며 그만큼의 지혜를 터득하고 있었다. 『코뿔소가 사는 집』의 시어들은 시인이 품은 두 개의 자아를 숨김없이 보여 주면서 사이의 긴장을 견디며 생을 함축하는 단 하나의 상징을 발견하려 한다. 수행자로서의 시인이 이르고자 하는 경지는 이런 것이 아니겠는가. 생의 원리, 삶의 지혜를 함축한 단 하나의 상징을 발굴하고 시어로서 정갈하게 다듬는 일. 이를 위해 시인은 바라보는 사물, 듣는 소리, 스치는 바람결 모두에 예민해지고 거기에서 무수한 생의 아포리즘을 발견하려 하며 이를 하나의 상징으로 결빙시키려 하는 것이다. 수행의 와중에 있는 시인은 삶의 복잡한 국면들을 비유할 맞춤 시어를 찾기 위해 마름질을 멈추지 않는다. 이번 시집에서는 일상의 소소한 순간들과 자연의 미세한 운동을 간취하여 그것을 하나의 비유로 시화하려는 시도가 눈에 띈다. 시간의 적층 위에서 세상을 바라보는 눈은 더욱 원숙해지고 투명해져서 비유의 언어 또한 간명하고 적절하다.

이처럼 김일태 시인에게 수행으로서의 시작詩作이란 세상 만물에서 인간의 삶과 상동인 형질을 발견하고 그것을 비유할 수 있는 시어를 찾아 옮겨 적는 일이 된다. "마음이 갈대밭 같을 때 순천만에 가라"(「스스로 저물어 빛나는」)고 말하는 이유가 여기에 있다. 순천만의 갈대밭과 마음의 갈피가 동형임을 발견하고 "절망과 고통을/ 온몸으로" 말하는 갈대의 말을 시어로 옮기는 일이 바로 수행으로서의 시작이다. 이를 통해 시적 자아는 "살아간다는 것이 더러 나이테처럼/ 세월을 껴입는 것이라 하지만/ 흔들리며 쓰러지며 다시 솟는 요령으로/ 마디마디 짭짤한 푸른 생명의 껍질을 품는다"는 한 깨달음에 이른다.

이러한 시작법은 자연의 생태에서 삶의 원리를 발견하려는 구도적 자세에서 비롯된다. 「순筍을 치며」에서도 "욕심을 따며 나는 네게 이르고/ 아릿한 향으로 너는 나를 가르치고"라며 자연의 가르침을 순순히 받아들인다. "가을바람에 무릎 꿇고 허리를 낮춘 쇠비름 노란 꽃"(「무릎 꿇는다는 것」)에게서 수행의 자세를 배운다. 우리의 몸 또한 자연의 일부이기에 몸의 자세를 따르는 것이 곧 수행의 길. "세상 사는 일 그럴 것이라고/ 수없이 만들어진 이랑과 고랑의 파도/ 덤덤히 덮고 살라며/ 손등이 있는 것이라고"(「손을 닦으며」) 무릎 꿇고 손을 닦으며 주름진 인생의 숨은 원리를 발견하고 받아들인다.

나무가 수행자처럼 길을 가지 않는 것은
제 스스로가 수많은 길이기 때문이다

나무가 날지 않아도 하늘의 일을 아는 것은
제 안에 날개를 가지고 있기 때문이다

나무가 입을 다물고 있다고 침묵한다 말하지 마라

묵언으로 통하는 나무의 소리가 있다

나무가 아무것도 보지 못한다고 말하지 마라
제 몸으로 모든 것을 기록하는 나무의 문자가 있다

그러한 이유로 나무에게 함부로 말하지 마라
가지지 않았기에 나무는 경계 없이 우거져 산다

—「나무 경전」 전문

수행으로서의 시작이 유적지에서 삶의 흔적을 발굴하는 고고학자의 작업을 연상시키는 것은 세상 만물이 어떤 진리를 내포하고 있다는 존재론적 인식 때문이다. 이미 있는 것[旣知]을 알아차리는 일. 이는 하나의 진리가 모습을 바꾸어 세상 만물에 깃들 수 있다는 불교의 무아관無我觀에서 비롯된 인식이라 할 수 있다. 확실한 경계를 가진 '나'는 존재하지 않고 만물의 변하지 않는 본성이 형태를 바꾸어 '나무'였다가 '물'이었다가 혹은 그 모두인 '나'일 수 있다는 것. 하여 미지未知의 것에서 기지旣知를 알아차리는 일은 변화하는 외형보다는 변하지 않는 본질을 볼 수 있는 눈과 마음을 가져야 가능한 일이다. 나무를 보면서 경전을 읽는 눈은 나무에 내재된 만물의 진리 또한 볼 수 있는 법이다. 나무는 스스로 제 안에 길을 품어 묵언으로도 "모든 것을 기록"한다. 이는 나무가 모든 것을 가졌기 때문이 아니라 아무것도 아니기 때문이다. 나무의 외형은 헛것일 뿐 그 안에 깃든 날개와 소리와 문자의 의미를 해독하는 일이 중요하다. 그리하여 나무는 경전이 되고, 「나무 경전」은 불교적 존재론이 된다.

사물의 외형이 헛것이기에 오히려 수많은 헛것들이 중요해진다. 진리를 담는 그릇으로서 자기 소임을 다하고 스러져 가는 것들에게 헛것이라는 이름을 붙여 무시하려는 태도를 시인은 반대한다. 세상의 모든 존재는 완전하지 않은 헛것으로서 시작도 끝도 없이 순환하는 가운데 잠시 현세의 그것에 깃들어 있을 뿐이다. 따라서 "참을 만나러 가는 유일한 길이/세상에 있고 없는 모든 헛이다"(「헛」)라고 말할 수 있다. 이는 연기적緣起的 존재론과도 통한다. 이것에 깃들 수 있는 진리는 저것에도 깃들 수 있으며 이것과 저것은 완전하지 않은 채 서로의 관계 맺음 속에서만 존재할 수 있다.

> 너를 배웅하면서
>
> 너와 더불어 떠나는
> 나를
>
> 배웅하면서
>
> 안다
>
> 내가 무수한 너로 만들어졌다는 것을
>
> —「너를 보내며」 부분

완전하지 않은 '나'의 형상을 채우는 '너'. 이처럼 무아無

我에 대한 인식은 "내가 무수한 너로 만들어졌다"는 관계 맺음의 존재론, 연기론적 존재론에 이른다. 하여 주남지의 땅버들이 서로 기대고 서 있는 형상을 보며 "사랑한다는 것은/ 너와 나 사이에/ 사부작사부작/ 세월이 배어들게 하는 것"이라는 한 깨달음에 이르는 「비 갠 날」의 시적 전개는, 생태계에서 생의 원리를 끌어내는 시인의 시작법을 그대로 보여 줌과 동시에 연기적 존재에 대한 인식을 보여 주는 것이기도 하다. "젖어 든다는 것은/ 비워 둔 나를/ 네게 내어 준다는 것/ 너를 담아 채워서/ 비로소 나를 이룬다는 것"이라는 시행은 세상 만물이 서로의 관계 맺음 속에 존재한다는 진언을 전하고 있다.

2. '뿔'과 '주름'

연기론적인 '나'와 '너'의 관계를 「주름에 경배한다」만큼 잘 표현한 시도 드물 것이다. 보이는 면적을 최소화하면서 접촉 공간을 최대화하는 주름은 보이는 '나'를 최소화하고 '너'와 접촉하는 공간을 최대화하는 타자성의 형태다. 주름은 시간의 적층과도 같이 생을 통해 만나게 된 수많은 타자의 흔적, 요동치는 생의 굴곡을 고스란히 간직하고 있다. 하여 주름을 가졌다는 것은 보이는 면 이상의 넓고도 깊은 포용의 공간을 내포하고 있다는 의미가 된다.

주름졌다는 것은
기운이 빠졌다는 게 아니다
나를 접었다는 것이다
나를 내어 주면서 너를 편안히 받아들일
힘이 쌓였다는 것이다

오냐오냐 한마디로
투정 철부지 짓 다 받아 주시던 어머니의 포근함은
주름의 힘이었다
뒷산 소나무가 바람을 견뎌 낸 것
다 주름의 힘이었다

주름을 만든다는 것은
나를 버려 너를 버는 일이다
하늘과 다투지 않는 요령으로 농투성이들이
논밭에 이랑과 고랑을 짓듯이
주름에 경배하라

—「주름에 경배한다」 전문

주름은 포용의 공간이자 이타성의 장소이며 모성성의 현현이다. 주름이 있기에 생은 바람에 맞서 찢기지 않고 품으며 견딜 수 있고, 비에 맞서 무르거나 수몰되지 않고 흘려보낼 수 있다. 역시나 자연의 형태인 주름을 통해 생에 대한 통찰을 이끌어 내는 시인이다.

'주름' 이 이타적 생에 대한 수평적 비유라면 '뿔' 은 속세의 삶에 대한 수직적 비유다. 시인에게 깃든 두 개의 자아 중

불쑥 솟아나온 하나가 '뿔'의 형상을 빌려 말한다. "내 안에/ 겁이 많아/ 겁의 힘으로 진화된 뿔을 가진/ 코뿔소가 살고 있다"고. "무소의 뿔처럼 홀로 가지 못한 채" 속세에서 "킁킁거리고 쭈뼛거리는" 코뿔소가 있다고. 자연과 교감하는 수행자와 세속의 짐을 짊어진 '아버지들'은 시인 안에 깃들어 길항하며 "무시로/ 내가 나를 들이받고 있다"(「코뿔소가 살고 있다」). 하지만 김일태 시인에게 시의 길은 수행의 길이기에 수직적 비유들인 '뿔/칼/독'들은 스스로를 벼림으로써 오히려 수평의 '길/눈[芽]/주름'을 만든다.

> 부러뜨릴 수도
> 뽑을 수도 없는
> 몸인 뿔에 갇혀
> 사바나의 허공을 들이받는
> 아프리카 코뿔소처럼
> 무시로
> 내가 나를 들이받고 있다
>
> 무소의 뿔처럼 홀로 가지 못한 채
>
> —「코뿔소가 살고 있다」 부분

> 언젠가 빙점하의 내 분노가
> 너의 슬픔을 뜨겁게 만나는 날
> 무수한 이 칼들은 길이 되리니
> 글썽글썽 뜨거운 눈물이
> 우리의 발등 적시며 다시 흐를 것이니

나는 지금 너에 닿을 나의 수직을
내 몸을 얼려 오르고 있다

—「빙벽」 부분

수직의 칼날은 나를 벨 뿐 아니라 너에 닿아 너를 헤칠 수 있으나 '너' 라는 타자성은 칼날을 녹여 길이 되게 한다. 그러므로 몸을 얼려 빙벽을 만들어서라도 '너' 에 닿으려 한다. '너' 는 나의 독을 품어 싹눈을 틔울 것이므로, 주름을 펼쳐 나를 감싸 안을 것이므로.

하지만 마치 정답처럼 쓰여진 '너' 의 길이 그토록 쉽게 찾아지는 것은 아니다. "우물 같은 울음 절절히 다 길러 내면/ 내 속에 차가운 발 뿌리내릴 터이니/ 서릿발 되어/ 너의 상처 위를 걸어가고 싶다"(「서릿발」)는 시행처럼 때로는 서릿발 같은 원한에 몸서리치기도 하고 "나 아닌 나/ 지우고 싶다"(「지우개를 달고 싶다」)며 자기부정의 회한에 휩싸이기도 하며 가끔은 세상살이에 지쳐 "이승에 있는 동안 빌려 입은/ 사람이라는 옷" 소나무 가지에 걸어 두고 "누군가의 그늘로/ 숨어 살고 싶다"(「숨은 듯이」)는 도피의 심정을 토로하기도 한다. 중년을 넘긴 '아버지' 는 "따라오는 것조차 없는/ 이 나이가 무섭다"(「등 뒤」)고 고백한다. 이렇게 삶에 지친 자아를 수행의 길로 이끌어 칼을 녹이고 타자성의 장소에 이르게 하는 대상은 역시 '어머니' 다. 시인에겐 '어머니' 가 있어 '아버지들' 이 되어서도 위로받을 수 있으며 수행자의 자세로 시를 쓸 수 있다.

3. 어머니를 '쓰는' 시의 길

'어머니'를 말하지 않고 김일태 시인의 시세계를 아우를 수는 없을 터다. 시인이 가진 두 개의 자아는 '어머니'를 매개로 통합된다. '아버지들'의 얼굴은 곧 아들의 얼굴이기도 하여 어머니에게 위로받고 쉴 장소를 얻는다. 또 어머니로 인해 '뿔/칼/독'의 수직을 수평의 '길/눈/주름'으로 다스리는 수행으로서의 시작을 계속할 수 있다.

'어머니'는 일상 곳곳에 스며들어 시인과 함께 밥을 먹고 잠을 잔다. 쌈을 먹으면서도 "사는 동안 당신을 위해서는 한 번도 속 차게 싸 본 적 없는/ 헛쌈 같은 어머니 생각"(「헛쌈」)을 하고, 머리 위로 팔 올리며 "이고 있는 짐 내리지 못한 채 잠드는 밤에"(「짐을 이고 살며」)도 어머니 생각이 떠나지 않는다. 시인은 그 '어머니'가 계신 시간 속으로 퇴행하고 싶어 한다. "닿을 수 없어 더 아득한 쉰 해 전으로/ 고치 짓듯 몸 웅크려 파고든다"(「조각보이불」). '어머니'와 함께 떠오르는 유년 시절, 수개리의 고향집은 시인에게 기억을 퍼 올리는 우물이자 시어의 원천이다.

품 넓은 누구
곁에 있었으면 하는 생각
소슬하게 일어
솜 베개마저 배기는 밤

어머니 홀로 다섯 해 계시다 가신

수개리 고향집
십 년 만에 돌아와 누워 보는데
뒤란 먹감 나뭇잎 위로 달빛 돋는 소리
어릴 적 발자국 자리에
거친 내 발 대 보는 봄밤

슬프거나 기쁜 것과는 다른
아무 치장하지 않은
어머니 살 냄새에
바람 부는 문짝처럼 나는 자꾸 덜컹거리고

마당가 백목련
아직 떨어지는 제 꽃잎 세고 있는지
이슬 맛 같은 꽃 내음 몽글몽글
베갯잇에서 솟아나는데

—「솜 베개마저 배기는 밤이 있어」 전문

수개리 고향집에서 어머니를 생각하는 밤, 시인의 감각은 "뒤란 먹감 나뭇잎 위로 달빛 돋는 소리"를 들을 정도로 활짝 열린다. "어머니 살 냄새"에 덜컹거리는 '나'는 포근한 솜 베개를 베고도 잠이 들지 못한다. 시인의 감각은 마당가 백목련의 꽃 내음을 베갯잇까지 끌어들이며 어머니의 숨결과 어린 시절의 기억에 "자꾸 덜컹거"린다. 이처럼 어머니라는 존재는 삶에 지친 '아버지들'을 시인일 수 있도록 그 감각기관을 섬세하게 열어 주는 역할을 한다. 감각적 묘사보다는 종교적 통찰에 기울어 있는 김일태의 시세계에서 어머니를 통한 감각의 확장은 시집의 갈피를 풍요롭게 채워 준다.

또한 어머니는 일상의 소소한 순간들에 윤기를 보태며 웃음 짓게 한다. "나쁜 액운 물알로 가고"라며 비손하던 어머니의 모습을 배워 "불알이 어쩌고저쩌고" 하는 아내의 모습으로, "그믐과 초하루 사이가 어머니의 물알과/ 아내의 불알로 환해" 진다. "어머니 오신 흔적/ 촛불이 먼저 알고 흔들리는데"(「섣달그믐에」) 그 어머니로 인해 나의 일상은 환해지는 것이다.

어머니가 전하는 삶의 지혜는 근엄하지 않다. 「어머니 똥점 치시며」에서 "입으로 내보내는 기나 뒤로 내보내는 기나 구린내 나면 모두 똥이지 머 소금 먹은 넘 물켜게 돼 있고 싸놓은 거 보면 속내 다 알 수 있는 기라"며 생을 통찰하는 어머니의 혜안은 구수한 세속의 언어로써 변하지 않는 자연의 순리를 전한다. 이러한 어머니를 기억하며 현재에 되살리는 시인은 어머니를 통해, 어머니를 쓰는 시의 길을 통해 수행으로서의 시 쓰기로 나아간다. "항시 뒤끝 흐린 날/ 촛불처럼 귓바퀴 환하게 밝히는/ 어머니 말씀"(「말씀의 내력」)이 있기 때문이다. 이처럼 삶의 원리를 '주름' 으로 가르치는 어머니의 존재는 생의 본질을 함축하고 있는 자연과 동급의 자리에 있다.

4. '사이' 에서

이번 시집 전반에서 수행자의 모습과 함께 '아버지들' 의 얼굴을 볼 수 있었던 것은, 고향을 떠나 각박한 도시에서 어떻게든 삶을 일구어 왔지만 또 한편으로 속절없이 변해 가는 세태 속에서 삶의 뒤안길로 쓸쓸히 퇴장해야 했던 이 시대 아버지들의 모습이 김일태 시의 기반 정서를 이루고 있기 때문이다. 시를 통해 너무나 자주 만날 수 있는 시인의 '어머니' 에 비해 아버지의 모습은 거의 등장하지 않는 것은 시인 자신이 '아버지' 의 얼굴을 하고 있기 때문일 터다. 속속들이 알고 있어 때로 부정하고 싶어지는 존재가 바로 아버지이자 자신일 것이므로.

이러한 이 시대 '아버지들' 에게 '어머니' 는 절대적 피안이다. 세속의 삶에서 상처받은 영혼은 어머니를 통해 정화되어 다시 전장과도 같은 삶터로 돌아갈 수 있다. 시인이 수행으로서의 시 쓰기를 계속하는 이유 또한 시를 통해 정화된 영혼으로 기억 속 어머니를 불러내 만나고 대화할 수 있기 때문이다. 어머니를 통해 시를, 시를 통해 어머니를 만나는 시인은 아마도 시 쓰기를 멈출 수 없을 듯하다.

따라서 김일태 시인에게 시의 길은 탁발하는 승려의 수행과 같다는 서두의 진술에는, 속세의 삶을 지속하기 위해 시가 필요했으나 시로 인해 속세의 삶에 거리를 둘 수 있었다는 부연 설명이 필요할 것 같다. 이렇게 김일태의 시는 '사이' 에 있다. 세속의 자리와 어떤 깨달음의 자리 사이에서, '아버지들' 인 시인과 시인의 '어머니' 사이에서, 퇴행의 욕구와 생의 충동 사이에서, '뿔' 과 '주름' 사이에서 시인의 언어는 진동하고 있다. 이제 다음의 시와 같은 결연한 이별이 필요한 순간이다.

> 밤새 사락사락 문 앞을 기웃거렸습니다만
> 송별인사 못한 채
> 여전히 남아 있어 거추장스러울 빛바랜 시간들
> 수습하고 이제 떠납니다
> 나를 벗어나기 위해 누구도 동행하지 않는
> 이 여행길 위에서
> 더욱 자잘하게 깨어져
> 사랑으로부터 자유롭게 해 줄 고통에 감사하면서
> 만사에 간절해져 볼 참입니다
> 혹여 작은 아쉬움이 남아 있다면
> 서로서로 기댄 채
> 손 모으거나 고개 숙이거나 꿇어앉거나 엎드려
> 눈물로 작별을 받아들이는 이들을 위해
> 슬퍼해 주십시오
> 비우고 채우는 것이 한가지라는 것을
> 떠나면서 절절히 깨닫습니다
> 끝까지 지니고 있던 잎사귀 두어 장에
> 간결하게나마 안부를 남깁니다
> 선린의 인연으로 다시 만나길 바라면서
> 코끝 먼저 알싸해지는 겨울 들머리에서
> 이만 총총
>
> ―「그동안 고마웠습니다」 전문

『코뿔소가 사는 집』의 첫머리에 실린 시 「코뿔소 가 살고 있다」가 "무소의 뿔처럼 홀로 가지 못한 채" 라는 자기 인식 내지는 자기비판을 담고 있다면, 위의 시 「그동안 고마웠습니다」는 바로 "무소의 뿔처럼 홀로 가는" 수행의 실행을 보여 준다. 완전하지 않은 '나' 에 대한 집착을 버리고 '나' 와 '너' 에 깃든 진언을 듣기 위해 '나' 는 홀로 길을 나선다. "만사에 간절" 해지기 위해 만사를 떠나는 순간의 고요한 평정심을 노래한 시행들 사이에서 "여전히 남아 있어 거추장스러울 빛바랜 시간들/ 수습하고 이제 떠납니다" 라는 시구가 인상적인 이유는, '사이' 에서 아파하던 시인의 언어가 어느 쪽으로든 향할 수 있는 여지를 보여 주기 때문이다. 그 향함이 어디를 가리키는지 아직은 알 수 없으나, 계속되는 시의 길로 보일 것만은 확실하다. 시는 시인이 "끝까지 지니고 있던 잎사귀 두어 장" 에 쓰여지는 간결한 안부일 것이므로, 우리가 "선린의 인연으로 다시" 만날 때 시인이 전하는 새로운 안부는 무엇일지 기다리지 않을 수 없다.

시인 김일태 金一泰

1957년 경남 창녕 출생.
1998년『시와시학』을 통해 등단.
시집『그리운 수개리』,『호박을 키우며』,『어머니의 땅』,『바코드속 종이 달』을 펴냈으며, 시와시학 젊은시인상 · 창원시 문화상 · 경상남도 문화상 · 시민불교문화상 등을 수상.
창원문인협회 회장을 거쳐 현재 창원예술문화단체총연합회 회장, 고향의 봄기념사업회 회장 등을 맡고 있고, 통영국제음악제, 낙동강유채축제 등의 산파 역할을 함.
직장인 MBC경남에서는 기획부장, 방송사업국장, 전략기획실장 등을 지내고 다시 방송 제작 현장에 복귀하여 PD로 일하고 있음.

E-mail : kimit210@hanmail.net

코뿔소가 사는 집

지은이 | 김일태
펴낸이 | 김재돈
펴낸곳 | 도서출판 시와시학
1판1쇄 | 2012년 1월 20일
출판등록 | 2010년 8월 10일
등록번호 | 제2010-000036호
주소 | 서울 종로구 명륜동1가 42
전화 | 744-0110
FAX | 3672-2674

값 10,000원

ISBN 978-89-94889-28-3 03810